Tales of Mystery and Magic: Short Stories for Spanish Language Learners

Norwood Eleven

Published by Norwood Eleven, 2024.

While every precaution has been taken in the preparation of this book, the publisher assumes no responsibility for errors or omissions, or for damages resulting from the use of the information contained herein.

TALES OF MYSTERY AND MAGIC: SHORT STORIES FOR SPANISH LANGUAGE LEARNERS

First edition. June 25, 2024.

Copyright © 2024 Norwood Eleven.

ISBN: 979-8224277209

Written by Norwood Eleven.

Table of Contents

El Misterio de las Cartas Perdidas

Había una vez en el pequeño pueblo de Villa Flor, un enigma que nadie parecía poder resolver: las cartas desaparecidas de la señora Esmeralda. Todos los martes por la mañana, la señora Esmeralda, una viuda amable y discreta, enviaba una carta a su hijo, quien vivía en la ciudad grande. Sin embargo, en las últimas semanas, las cartas nunca llegaban a su destino.

La señora Esmeralda, con su cabello plateado y sus ojos azules llenos de preocupación, era una presencia constante en la oficina de correos del pueblo. El cartero, don José, un hombre afable con una larga historia en Villa Flor, estaba igualmente desconcertado. Las cartas siempre eran depositadas en el buzón con dirección precisa y sello cuidadosamente pegado, pero algo misterioso ocurría en el trayecto.

Doña Mercedes, la mejor amiga de la señora Esmeralda, era conocida por ser una investigadora aficionada y decidió tomar el asunto en sus propias manos. Con su característico sombrero de ala ancha y su lupa en el bolsillo, comenzó a interrogar a los habitantes del pueblo. Desde el lechero hasta el dueño de la tienda de ultramarinos, todos tenían teorías sobre las cartas perdidas.

En su búsqueda de respuestas, doña Mercedes descubrió un detalle curioso: una sombra misteriosa había sido vista rondando el buzón de la señora Esmeralda la noche anterior a cada envío programado. Esto desató una ola de chismes en el pueblo, con algunos señalando a figuras extrañas que habían llegado recientemente a Villa Flor.

Entre tanto misterio y especulación, don José decidió llevar a cabo una vigilancia nocturna. Escondido detrás de un arbusto cerca del buzón, esperó pacientemente, con su linterna lista para cualquier movimiento sospechoso. Pasaron las horas y la luna iluminaba débilmente el callejón tranquilo.

Justo cuando estaba a punto de rendirse, don José notó un movimiento furtivo. Una figura encapuchada se acercaba sigilosamente al buzón, con una mano extendida. Rápidamente, don José saltó de su escondite y agarró al intruso, revelando a un joven de aspecto desaliñado y mirada asustada.

El joven, llamado Andrés, era nuevo en el pueblo y estaba desesperado por conseguir algo de dinero. Confesó que había estado robando las cartas de la señora Esmeralda para buscar dinero en efectivo u objetos de valor que pudiera vender fácilmente. Su familia estaba pasando por tiempos difíciles y había tomado decisiones desesperadas.

Con compasión, don José y doña Mercedes llevaron a Andrés a la casa de la señora Esmeralda para que pudiera disculparse personalmente. Aunque la señora Esmeralda estaba inicialmente furiosa, al escuchar la historia de Andrés y ver la sinceridad en sus ojos, su corazón se ablandó.

En lugar de llamar a la policía, la señora Esmeralda ofreció a Andrés un trabajo temporal en su jardín, proporcionándole una oportunidad para ganar dinero honestamente. En los días siguientes, el joven demostró ser trabajador y respetuoso, ganándose el respeto y la admiración de los habitantes de Villa Flor.

Desde entonces, las cartas de la señora Esmeralda nunca volvieron a desaparecer. Cada martes por la mañana, doña Mercedes acompañaba a la señora Esmeralda a la oficina de correos para enviar sus cartas con una sonrisa de satisfacción. En un pequeño pueblo donde todos se conocían, el misterio de las cartas perdidas se convirtió en una lección de perdón, comprensión y segundas oportunidades.

The Mystery of the Lost Letters

Once upon a time in the small village of Villa Flor, there was an enigma that no one seemed to solve: the missing letters of Mrs. Esmeralda. Every Tuesday morning, Mrs. Esmeralda, a kind and discreet widow, would send a letter to her son who lived in the big city. However, in recent weeks, the letters never reached their destination.

Mrs. Esmeralda, with her silver hair and blue eyes filled with worry, was a constant presence at the village post office. The postman, Mr. José, an amiable man with a long history in Villa Flor, was equally puzzled. The letters were always deposited in the mailbox with precise address and carefully affixed stamp, but something mysterious happened along the way.

Doña Mercedes, Mrs. Esmeralda's best friend known for being an amateur investigator, decided to take matters into her own hands. With her wide-brimmed hat and magnifying glass in her pocket, she began to interrogate the villagers. From the milkman to the grocery store owner, everyone had theories about the lost letters.

In her quest for answers, doña Mercedes discovered a curious detail: a mysterious shadow had been seen lurking near Mrs. Esmeralda's mailbox the night before each scheduled mailing. This unleashed a wave of gossip in the village, with some pointing fingers at strange figures who had recently arrived in Villa Flor.

Amidst all the mystery and speculation, Mr. José decided to conduct a night surveillance. Hidden behind a bush near the mailbox, he waited patiently, with his flashlight ready for any suspicious movement. Hours passed and the moon faintly illuminated the quiet alley.

Just as he was about to give up, Mr. José noticed a furtive movement. A hooded figure was stealthily approaching the mailbox, with an outstretched hand. Quickly, Mr. José jumped from his hiding spot and grabbed the intruder, revealing a scruffy-looking young man with a frightened look.

The young man, named Andrés, was new to the village and desperate to get some money. He confessed that he had been stealing Mrs. Esmeralda's letters to look for cash or valuable items he could easily sell. His family was going through tough times and he had made desperate decisions.

With compassion, Mr. José and doña Mercedes took Andrés to Mrs. Esmeralda's house so he could apologize in person. Although Mrs. Esmeralda was initially furious, upon hearing Andrés' story and seeing the sincerity in his eyes, her heart softened.

Instead of calling the police, Mrs. Esmeralda offered Andrés a temporary job in her garden, providing him with an opportunity to earn money honestly. In the following days, the young man proved to be hardworking and respectful, earning the respect and admiration of the people of Villa Flor.

Since then, Mrs. Esmeralda's letters never disappeared again. Every Tuesday morning, doña Mercedes accompanied Mrs.

Esmeralda to the post office to send her letters with a smile of satisfaction. In a small village where everyone knew each other, the mystery of the lost letters became a lesson in forgiveness, understanding, and second chances.

Las Aventuras de la Señora Amelia y el Misterio del Reloj Perdido

Doña Amelia era una mujer de costumbres sencillas y rutinas bien establecidas. Todos los días, a las siete en punto de la mañana, salía a pasear por el parque con su fiel compañero, el perro Rufus. Era viuda desde hacía muchos años y vivía en una encantadora casa victoriana en el tranquilo barrio de Los Almendros.

Su vida, apacible y ordenada, dio un giro inesperado un soleado martes de primavera. Mientras paseaba por el parque, Doña Amelia notó algo brillando entre las hojas de los almendros en flor. Con curiosidad, se acercó y descubrió un elegante reloj de bolsillo dorado, con inscripciones que parecían antiguas y misteriosas.

Inmediatamente, el corazón aventurero de Doña Amelia se despertó. ¿Quién habría perdido un tesoro tan preciado en aquel parque tranquilo? Decidió llevar el reloj a casa y estudiarlo con detenimiento. Con ayuda de su lupa favorita y algunos libros de historia, descubrió que el reloj pertenecía a un capitán de marina del siglo XIX, famoso por sus expediciones exóticas y sus relatos fascinantes.

Animada por la emoción del descubrimiento, Doña Amelia se sumergió en una búsqueda para encontrar más pistas sobre la vida del capitán. Visitó la biblioteca local y se hizo amiga del bibliotecario, don Arturo, un hombre amable y con una memoria prodigiosa para los detalles históricos. Juntos, revisaron archivos antiguos y descubrieron cartas amarillentas que revelaban aventuras en tierras lejanas y encuentros con culturas desconocidas.

Mientras tanto, Rufus se convirtió en su fiel compañero de exploración, siempre alerta y emocionado por cada nuevo descubrimiento. Una tarde, durante una de sus excursiones por el parque, Rufus comenzó a ladrar frenéticamente cerca de un viejo roble. Intrigada, Doña Amelia se acercó y encontró un pequeño cofre de madera oculto entre las raíces del árbol.

Con manos temblorosas de emoción, abrió el cofre y descubrió un mapa antiguo y desgastado, con marcas que indicaban tesoros enterrados y rutas marítimas olvidadas. Doña Amelia sintió que estaba siguiendo los pasos del capitán y que cada paso la acercaba más al corazón del misterio.

Pero no todo eran hallazgos emocionantes y descubrimientos históricos. En el camino, Doña Amelia se encontró con vecinos excéntricos y situaciones cómicas que solo un barrio como Los Almendros podría ofrecer. Desde la señora Ramona, la vecina que coleccionaba gatos siameses con nombres de compositores clásicos, hasta el señor Esteban, el jardinero jubilado con historias interminables sobre sus viajes por el mundo.

Cada personaje contribuía con su propio encanto y peculiaridad a la historia de Doña Amelia y sus aventuras. A medida que avanzaba en su investigación, también descubría secretos sorprendentes sobre su propio pasado y el significado de la amistad verdadera.

Finalmente, después de semanas de búsqueda y con la ayuda invaluable de don Arturo y los nuevos amigos que había hecho en el camino, Doña Amelia logró desentrañar el misterio del reloj perdido. Descubrió que el capitán había ocultado su más preciado tesoro en un lugar inesperado, donde el tiempo y la historia se entrelazaban en una danza eterna de descubrimiento y nostalgia.

El reloj, ahora restaurado a su antigua gloria, encontró un lugar de honor en la casa de Doña Amelia. Cada vez que miraba su brillante esfera y escuchaba el suave tic-tac, recordaba las emocionantes aventuras que la habían llevado a ese momento. Y aunque el misterio del reloj perdido había sido resuelto, sabía que en Los Almendros siempre habría más historias por descubrir y más tesoros ocultos esperando ser encontrados.

The Adventures of Mrs. Amelia and the Mystery of the Lost Watch

Mrs. Amelia was a woman of simple habits and well-established routines. Every day, at seven o'clock in the morning, she would go for a walk in the park with her faithful companion, Rufus the dog. She had been a widow for many years and lived in a charming Victorian house in the quiet neighborhood of Almond Grove.

Her life, peaceful and orderly, took an unexpected turn on a sunny spring Tuesday. While walking through the park, Mrs. Amelia noticed something shining among the leaves of the almond trees in bloom. Curiously, she approached and discovered an elegant gold pocket watch, with inscriptions that seemed ancient and mysterious.

Immediately, Mrs. Amelia's adventurous heart awakened. Who could have lost such a precious treasure in that quiet park? She decided to take the watch home and study it carefully. With the help of her favorite magnifying glass and some history books, she discovered that the watch belonged to a nineteenth-century sea captain, famous for his exotic expeditions and fascinating tales.

Encouraged by the excitement of the discovery, Mrs. Amelia embarked on a quest to find more clues about the captain's life. She visited the local library and befriended the librarian, Mr. Arturo, a kind man with a prodigious memory for historical details. Together, they reviewed old archives and uncovered yellowed letters that revealed adventures in distant lands and encounters with unknown cultures.

Meanwhile, Rufus became her faithful exploration companion, always alert and excited for each new discovery. One afternoon, during one of their excursions through the park, Rufus began to bark frantically near an old oak tree. Intrigued, Mrs. Amelia approached and found a small wooden chest hidden among the tree's roots.

With trembling hands of excitement, she opened the chest and discovered an ancient and worn map, with markings indicating buried treasures and forgotten sea routes. Mrs. Amelia felt like she was following in the captain's footsteps and that each step brought her closer to the heart of the mystery.

But not everything was exciting findings and historical discoveries. Along the way, Mrs. Amelia encountered eccentric neighbors and humorous situations that only a neighborhood like Almond Grove could offer. From Mrs. Ramona, the neighbor who collected Siamese cats named after classical composers, to Mr. Esteban, the retired gardener with endless stories about his travels around the world.

Each character contributed their own charm and peculiarity to Mrs. Amelia's story and her adventures. As she progressed in her research, she also uncovered surprising secrets about her own past and the meaning of true friendship.

Finally, after weeks of searching and with the invaluable help of Mr. Arturo and the new friends she had made along the way, Mrs. Amelia managed to unravel the mystery of the lost watch.

She discovered that the captain had hidden his most precious treasure in an unexpected place, where time and history intertwined in an eternal dance of discovery and nostalgia.

The watch, now restored to its former glory, found a place of honor in Mrs. Amelia's home. Every time she looked at its shining face and heard its gentle tick-tock, she remembered the exciting adventures that had led her to that moment. And although the mystery of the lost watch had been solved, she knew that in Almond Grove there would always be more stories to discover and hidden treasures waiting to be found.

Las Crónicas del Café "El Girasol"

En el bullicioso barrio de San Marcos, donde las calles adoquinadas resonaban con el murmullo constante de los transeúntes y el aroma de los cafés recién tostados flotaba en el aire, se encontraba el café "El Girasol". Este pequeño establecimiento era más que un lugar para tomar café; era un punto de encuentro para historias, amistades y pequeños misterios que llenaban las horas de los días.

Doña Emilia, la propietaria de "El Girasol", era una mujer de cabello plateado y sonrisa cálida que conocía a todos sus clientes por nombre y preferencias de café. Desde las primeras luces del alba hasta el crepúsculo, ella y su equipo de baristas servían con esmero cada taza con el amor y la atención de quienes entienden que el café es más que una bebida: es un ritual que une a las personas.

Una mañana de primavera, cuando las flores de los geranios en las ventanas del café competían con el sol por brillar más, llegó al "El Girasol" un nuevo cliente: el señor Sebastián. Era un hombre alto, con gafas de montura gruesa y un aire de curiosidad tranquila que no pasó desapercibido para Doña Emilia.

—Buenos días, señor Sebastián. ¿Qué puedo servirle hoy? —le saludó amablemente Doña Emilia desde detrás del mostrador.

—Buenos días, Doña Emilia. Me gustaría probar su café especial de la casa. He oído decir que es excepcional —respondió el señor Sebastián con una sonrisa.

Así comenzó la relación entre el señor Sebastián y "El Girasol". Cada mañana, puntual como el reloj, llegaba al café y se sentaba en la misma mesa junto a la ventana. Observaba con atención a los clientes habituales, algunos trabajando en sus laptops, otros charlando animadamente con amigos o sumergidos en libros que parecían llevarlos a mundos lejanos.

Doña Emilia notó pronto la costumbre del señor Sebastián de observar todo a su alrededor con ojos de detective aficionado. Él no lo ocultaba; al contrario, parecía disfrutar de conversaciones sobre las historias de vida de los clientes y los sucesos del barrio. Pronto se convirtió en una figura querida en "El Girasol", con quien todos compartían sus pequeñas alegrías y preocupaciones.

Una mañana de mayo, el ambiente en el café era particularmente bullicioso. Se rumoreaba que alguien había encontrado un gato perdido en la plaza central y todos querían saber quién era el afortunado rescatador. El señor Sebastián, entre sorbos de su café especial, escuchaba con atención las diferentes versiones del relato y lanzaba preguntas perspicaces que hacían reír a los presentes.

Pero esa misma tarde, cuando el sol comenzaba a declinar y las sombras se alargaban por las calles, ocurrió algo inesperado. El señor Sebastián no llegó a "El Girasol" a la hora habitual. Doña Emilia, preocupada por su ausencia, se asomó varias veces por la ventana para ver si lo veía acercarse por la calle adoquinada, pero no había rastro de él.

Pasaron quince minutos, luego media hora. La inquietud creció entre los clientes habituales, quienes se preguntaban en voz baja qué habría sucedido con el señor Sebastián. Finalmente, cuando el reloj marcaba las seis en punto, la puerta de "El Girasol" se abrió de golpe y entró el señor Sebastián, con una expresión de asombro y emoción en el rostro.

—¡Doña Emilia, disculpe mi retraso! —se disculpó efusivamente mientras se dirigía a la barra.

—No se preocupe, señor Sebastián. ¿Está todo bien? —preguntó Doña Emilia con genuina preocupación.

—¡Todo está más que bien! —exclamó el señor Sebastián, sacando algo de su bolsillo y mostrándolo con orgullo a todos los presentes.

Era un pequeño diario de tapa de cuero gastado y páginas amarillentas. Los presentes en "El Girasol" se acercaron con curiosidad para ver de qué se trataba.

—Encontré esto en una tienda de antigüedades justo al otro lado de la plaza. Parece ser el diario de un viajero del siglo XIX que visitó lugares remotos y registró cada detalle de sus aventuras —explicó el señor Sebastián, emocionado.

Doña Emilia tomó el diario con reverencia y comenzó a hojearlo con cuidado. Las páginas estaban llenas de dibujos de paisajes exóticos, notas sobre culturas desconocidas y relatos de encuentros con personas fascinantes. Era como si el diario contuviera el alma de alguien que había vivido muchas vidas en un solo viaje.

—Es increíble, señor Sebastián. ¿Cómo encontró algo así? —preguntó uno de los clientes, fascinado por la historia.

—Fue pura casualidad. Estaba caminando por la plaza cuando vi una luz tenue brillando desde la vitrina de la tienda. Y cuando vi este diario, supe que tenía que traerlo aquí para compartirlo con todos ustedes —respondió el señor Sebastián, con una sonrisa radiante.

Esa noche, "El Girasol" se llenó de historias sobre el diario encontrado y las posibles aventuras del misterioso viajero del siglo XIX. Doña Emilia preparó una selección especial de cafés y dulces para celebrar el descubrimiento, mientras los clientes compartían teorías sobre quién podría haber sido el autor del diario y qué secretos aún podrían estar ocultos en sus páginas.

Desde entonces, el diario se convirtió en el centro de atención en "El Girasol". Cada cliente que entraba en el café tenía una historia que contar sobre el diario o una nueva teoría sobre su origen. Y el señor Sebastián, con su mirada siempre avizora y su disposición para descubrir historias ocultas en los lugares más inesperados, se convirtió en una figura aún más querida en el barrio de San Marcos.

En "El Girasol", donde cada taza de café era un pretexto para compartir historias y cada encuentro era una oportunidad para descubrir algo nuevo, el diario del viajero del siglo XIX se convirtió en un símbolo de la magia que se esconde en los rincones más cotidianos de la vida.

The Chronicles of Café "El Girasol"

In the bustling neighborhood of San Marcos, where the cobblestone streets echoed with the constant murmur of passersby and the aroma of freshly roasted coffee floated in the air, there was a café called "El Girasol." This small establishment was more than just a place to drink coffee; it was a meeting point for stories, friendships, and little mysteries that filled the hours of the day.

Doña Emilia, the owner of "El Girasol," was a woman with silver hair and a warm smile who knew all her customers by name and their coffee preferences. From the first light of dawn until dusk, she and her team of baristas served each cup with the love and attention of those who understand that coffee is more than a beverage: it is a ritual that brings people together.

One spring morning, when the geraniums in the café windows competed with the sun to shine brighter, a new customer arrived at "El Girasol": Mr. Sebastián. He was a tall man with thick-framed glasses and an air of quiet curiosity that did not go unnoticed by Doña Emilia.

"Good morning, Mr. Sebastián. What can I serve you today?" Doña Emilia greeted him kindly from behind the counter.

"Good morning, Doña Emilia. I would like to try your house special coffee. I have heard it is exceptional," Mr. Sebastián replied with a smile.

And so began the relationship between Mr. Sebastián and "El Girasol." Every morning, punctual as clockwork, he arrived at the café and sat at the same table by the window. He attentively observed the regular customers, some working on their laptops, others chatting animatedly with friends, or engrossed in books that seemed to take them to far-off worlds.

Doña Emilia soon noticed Mr. Sebastián's habit of observing everything around him with the eyes of an amateur detective. He did not hide it; on the contrary, he seemed to enjoy conversations about the life stories of the customers and the events of the neighborhood. He soon became a beloved figure at "El Girasol," with whom everyone shared their small joys and concerns.

One May morning, the atmosphere in the café was particularly lively. Rumor had it that someone had found a lost cat in the central plaza, and everyone wanted to know who the lucky rescuer was. Mr. Sebastián, sipping his special coffee, listened attentively to the different versions of the story and asked insightful questions that made everyone laugh.

But that same afternoon, when the sun began to set and the shadows lengthened on the streets, something unexpected happened. Mr. Sebastián did not arrive at "El Girasol" at his usual time. Doña Emilia, worried about his absence, looked out the window several times to see if she could spot him walking down the cobblestone street, but there was no sign of him.

Fifteen minutes passed, then half an hour. The regular customers grew uneasy, whispering among themselves about what might have happened to Mr. Sebastián. Finally, when the clock struck six, the door of "El Girasol" swung open, and Mr. Sebastián entered, with a look of astonishment and excitement on his face.

"Doña Emilia, excuse my lateness!" he apologized effusively as he approached the counter.

"Don't worry, Mr. Sebastián. Is everything alright?" Doña Emilia asked with genuine concern.

"Everything is more than alright!" exclaimed Mr. Sebastián, pulling something from his pocket and proudly showing it to everyone present.

It was a small leather-bound journal with worn covers and yellowed pages. The patrons of "El Girasol" gathered around curiously to see what it was.

"I found this in an antique shop just across the plaza. It appears to be the journal of a 19th-century traveler who visited remote places and recorded every detail of his adventures," Mr. Sebastián explained, excited.

Doña Emilia took the journal reverently and began to leaf through it carefully. The pages were filled with drawings of exotic landscapes, notes about unknown cultures, and accounts of encounters with fascinating people. It was as if the journal contained the soul of someone who had lived many lives in one journey.

"It's incredible, Mr. Sebastián. How did you find something like this?" asked one of the customers, fascinated by the story.

"It was pure chance. I was walking through the plaza when I saw a faint light shining from the shop window. And when I saw this journal, I knew I had to bring it here to share it with all of you," responded Mr. Sebastián, with a radiant smile.

That evening, "El Girasol" was filled with stories about the found journal and the possible adventures of the mysterious 19th-century traveler. Doña Emilia prepared a special selection of coffees and sweets to celebrate the discovery, while the customers shared theories about who might have been the author of the journal and what secrets might still be hidden in its pages.

From then on, the journal became the center of attention at "El Girasol." Every customer who entered the café had a story to tell about the journal or a new theory about its origin. And Mr. Sebastián, with his ever-watchful gaze and willingness to uncover hidden stories in the most unexpected places, became an even more beloved figure in the neighborhood of San Marcos.

At "El Girasol," where every cup of coffee was an excuse to share stories and every encounter was an opportunity to discover something new, the journal of the 19th-century traveler became a symbol of the magic hidden in the most everyday corners of life.

Las Aventuras de Don Ernesto y el Misterio del Reloj Antiguo

D on Ernesto era un hombre de costumbres arraigadas y una pasión desbordante por los objetos antiguos. Vivía en una pequeña casa pintoresca en el barrio histórico de San Sebastián, donde cada rincón estaba lleno de reliquias del pasado: relojes de péndulo que marcaban el tiempo con solemnidad, muebles tallados con historias grabadas en sus vetas y cuadros que parecían capturar el susurro de tiempos lejanos.

Su mayor tesoro, sin embargo, era un antiguo reloj de bolsillo heredado de su abuelo, que siempre llevaba consigo en una cadena de plata. El reloj tenía un tic-tac reconfortante que acompañaba los días de Don Ernesto como una melodía constante. Para él, cada pieza antigua era una ventana al pasado, un recordatorio de la belleza del tiempo que había pasado y la historia que había sido vivida.

Una mañana tranquila de primavera, mientras paseaba por el mercado de antigüedades que se instalaba cada domingo en la plaza principal de San Sebastián, Don Ernesto hizo un descubrimiento que cambiaría el curso de su rutina meticulosa. Entre mesas llenas de porcelanas antiguas y libros polvorientos, encontró un reloj de pared de madera oscura con inscripciones doradas que parecían escritas en un lenguaje desconocido.

Intrigado por el reloj y su misterioso encanto, Don Ernesto se acercó al vendedor, un anciano con una mirada sabia y manos curtidas por el tiempo.

—Buenos días, señor. ¿Puede decirme algo sobre este reloj? —preguntó Don Ernesto con voz tranquila, pero llena de curiosidad.

El anciano sonrió con complicidad y comenzó a contar la historia del reloj. Según él, el reloj de pared había pertenecido a un comerciante en tiempos turbulentos, un hombre cuyas expediciones comerciales lo habían llevado a los confines del mundo conocido. Había sido testigo de guerras y tratados, de amoríos clandestinos y traiciones políticas, y su reloj había sido el guardián silencioso de cada instante.

Don Ernesto escuchaba fascinado, imaginando las historias que el viejo reloj podría contar si pudiera hablar. Decidió comprarlo sin dudarlo, sintiendo que había encontrado una pieza única que merecía un lugar especial en su colección personal de tesoros históricos.

De regreso a casa, Don Ernesto colocó el reloj de pared en el salón principal, donde su tic-tac resonaba con una solemnidad reconfortante. Observaba los detalles tallados en la madera, preguntándose sobre los lugares lejanos que el reloj había visto y las manos que lo habían cuidado a lo largo de los siglos.

Pero el misterio del reloj antiguo apenas comenzaba. Una noche, mientras leía un libro sobre la historia de los navegantes exploradores del siglo XV, Don Ernesto notó algo peculiar en las inscripciones del reloj. Parecían formar un patrón que recordaba a los mapas antiguos, con líneas que conectaban puntos distantes en una red compleja.

Intrigado, Don Ernesto decidió investigar más a fondo. Visitó la biblioteca local y pasó horas revisando libros de historia y geografía, buscando pistas que pudieran descifrar el enigma de las inscripciones del reloj. Encontró referencias a antiguas rutas comerciales y mapas detallados que mencionaban lugares remotos que apenas se conocían en su época.

Con cada descubrimiento, Don Ernesto se sumergía más en el misterio del reloj antiguo. Había algo en él que parecía conectarlo con historias de aventuras y descubrimientos, como si cada tic-tac fuera un recordatorio de los sueños y ambiciones de aquellos que habían navegado por mares desconocidos en busca de nuevas tierras y tesoros perdidos.

Una tarde lluviosa de otoño, cuando las hojas doradas crujían bajo los pies y el viento susurraba secretos antiguos entre las calles de San Sebastián, Don Ernesto recibió una visita inesperada. Era su viejo amigo, el profesor Martínez, un historiador reconocido por sus investigaciones sobre artefactos antiguos y su conexión con el pasado.

—Don Ernesto, he oído hablar del fascinante reloj que ha adquirido. ¿Le importaría si lo examino más de cerca? —preguntó el profesor Martínez con una chispa de emoción en los ojos.

—Por supuesto, profesor Martínez. Será un honor para mí compartirlo con usted —respondió Don Ernesto, invitándolo a pasar.

El profesor Martínez examinó el reloj con cuidado, observando cada detalle con una lupa especial. Murmuraba para sí mismo mientras seguía las líneas de las inscripciones y tomaba notas en un cuaderno pequeño que llevaba consigo.

—Interesante... Muy interesante —murmuraba el profesor Martínez. Su expresión se iluminó repentinamente cuando señaló una serie de marcas sutiles en el borde del reloj. —Estas inscripciones aquí parecen formar un código. Creo que podrían estar relacionadas con coordenadas geográficas.

Don Ernesto observaba con atención mientras el profesor Martínez desentrañaba el enigma. Ambos se sumergieron en una discusión animada sobre posibles significados y conexiones históricas. Cada nueva revelación parecía abrir una puerta a un mundo de aventuras y descubrimientos olvidados.

—¿Cree usted que el reloj podría estar marcando la ubicación de un tesoro perdido? —preguntó Don Ernesto, emocionado por la idea.

El profesor Martínez asintió con seriedad. —Es una posibilidad. Los comerciantes y exploradores de esa época a menudo ocultaban sus riquezas en lugares estratégicos, marcados solo por referencias codificadas como estas.

Ambos hombres pasaron horas discutiendo teorías y posibles rutas que podrían seguir para descifrar completamente el misterio del reloj antiguo. Decidieron embarcarse en una búsqueda juntos, utilizando los conocimientos del profesor Martínez en historia y geografía, y la pasión de Don Ernesto por los objetos antiguos como guía.

Su primera pista los llevó a un monasterio abandonado en las colinas cercanas a San Sebastián. Según antiguos registros, el monasterio había sido un refugio para marineros y comerciantes en tiempos de tormentas y conflictos marítimos. Don Ernesto y el profesor Martínez exploraron cada rincón del monasterio, buscando pistas que pudieran llevarlos más cerca del tesoro oculto.

Encontraron antiguos mapas náuticos en los archivos polvorientos del monasterio, que marcaban rutas de navegación y puntos de interés en alta mar. Uno de los mapas mostraba una isla remota en medio del océano, conocida por los marineros como un lugar de leyendas y misterios.

—Creo que hemos encontrado nuestro siguiente destino —dijo el profesor Martínez, señalando la isla en el mapa.

Don Ernesto asintió con determinación. Juntos, prepararon un equipo de expedición con provisiones suficientes para varios días en el mar y se embarcaron en un pequeño barco que alquilaron en el puerto de San Sebastián. La travesía fue larga y llena de emociones, con olas que golpeaban contra el casco del barco y el viento que soplaba fuerte en sus rostros.

Finalmente, después de días de navegación, avistaron la isla en el horizonte. Era un lugar cubierto de vegetación exuberante y playas de arena blanca que brillaban bajo el sol. Don Ernesto y el profesor Martínez desembarcaron con cautela, emocionados por la posibilidad de descubrir el tesoro perdido que el reloj antiguo podría estar indicando.

Durante días exploraron la isla, siguiendo las pistas que habían descifrado del reloj y los mapas antiguos. Encontraron ruinas antiguas y artefactos que confirmaban la presencia de antiguos exploradores en la isla, pero el verdadero tesoro seguía elusivo.

Una tarde, mientras exploraban una cueva escondida en la costa sur de la isla, Don Ernesto hizo un descubrimiento que los dejó sin aliento. Encontró un cofre antiguo enterrado bajo una capa de tierra y rocas, con inscripciones que coincidían con las del reloj de pared.

—¡Profesor Martínez, lo hemos encontrado! —exclamó Don Ernesto, sacando el cofre de la tierra con manos temblorosas.

El profesor Martínez se acercó con rapidez y abrieron el cofre con cuidado. Dentro encontraron una colección de joyas antiguas, monedas de oro y un diario desgastado con notas en un idioma extranjero que el profesor Martínez reconoció como una variante antigua del griego.

El diario pertenecía al comerciante cuyo reloj había sido el catalizador de su aventura. Las páginas estaban llenas de relatos de viajes por mares desconocidos, encuentros con tribus indígenas y la búsqueda perpetua de riquezas y conocimientos. Era como si el diario capturara la esencia misma de la vida del comerciante, un hombre cuya historia se había entrelazado con la del reloj a lo largo de los siglos.

Con el tesoro recuperado y el diario en sus manos, Don Ernesto y el profesor Martínez regresaron a San Sebastián como héroes. Celebraron su éxito en "La Taberna del Marinero", el viejo bar del puerto donde los marineros y comerciantes solían reunirse para contar historias de aventuras pasadas.

Y así, en el tranquilo barrio de San Sebastián, donde el murmullo del mar y el aroma del café se mezclaban en el aire, Don Ernesto y el profesor Martínez continuaron su vida de descubrimientos y exploraciones, siempre listos para la próxima aventura que el pasado pudiera traerles.

The Adventures of Don Ernesto and the Mystery of the Antique Clock

Don Ernesto was a man of ingrained habits and an overflowing passion for antique objects. He lived in a small picturesque house in the historic neighborhood of San Sebastián, where every corner was filled with relics of the past: pendulum clocks that solemnly marked the time, carved furniture with stories etched into their grains, and paintings that seemed to capture the whispers of bygone eras.

His greatest treasure, however, was an antique pocket watch inherited from his grandfather, which he always carried with him on a silver chain. The watch had a comforting tick-tock that accompanied Don Ernesto's days like a constant melody. For him, each antique piece was a window to the past, a reminder of the beauty of elapsed time and the history that had been lived.

One peaceful spring morning, while strolling through the antique market set up every Sunday in the main square of San Sebastián, Don Ernesto made a discovery that would change the course of his meticulous routine. Among tables filled with old porcelains and dusty books, he found a dark wooden wall clock with golden inscriptions that seemed to be written in an unknown language.

Intrigued by the clock and its mysterious charm, Don Ernesto approached the vendor, an elderly man with a wise gaze and hands weathered by time.

"Good morning, sir. Can you tell me something about this clock?" Don Ernesto asked in a calm but curious voice.

The old man smiled conspiratorially and began to recount the clock's story. According to him, the wall clock had belonged to a merchant in turbulent times, a man whose trade expeditions had taken him to the far reaches of the known world. It had witnessed wars and treaties, clandestine love affairs, and political betrayals, and its clock had been the silent guardian of every moment.

Don Ernesto listened, fascinated, imagining the stories the old clock could tell if it could speak. He decided to buy it without hesitation, feeling that he had found a unique piece deserving of a special place in his personal collection of historical treasures.

Back home, Don Ernesto placed the wall clock in the main living room, where its tick-tock resonated with a comforting solemnity. He observed the carved details in the wood, wondering about the distant places the clock had seen and the hands that had cared for it over the centuries.

But the mystery of the antique clock was just beginning. One night, while reading a book about the history of 15th-century explorers, Don Ernesto noticed something peculiar about the clock's inscriptions. They seemed to form a pattern reminiscent of old maps, with lines connecting distant points in a complex network.

Intrigued, Don Ernesto decided to investigate further. He visited the local library and spent hours poring over history and geography books, looking for clues that might decipher the clock's inscriptions. He found references to ancient trade routes and detailed maps mentioning remote places barely known in their time.

With each discovery, Don Ernesto delved deeper into the mystery of the antique clock. There was something about it that seemed to connect him to stories of adventures and discoveries, as if each tick-tock was a reminder of the dreams and ambitions of those who had sailed unknown seas in search of new lands and lost treasures.

One rainy autumn afternoon, when golden leaves crunched underfoot and the wind whispered ancient secrets through the streets of San Sebastián, Don Ernesto received an unexpected visit. It was his old friend, Professor Martínez, a historian renowned for his research on ancient artifacts and their connection to the past.

"Don Ernesto, I've heard about the fascinating clock you've acquired. Would you mind if I examined it more closely?" asked Professor Martínez, with a spark of excitement in his eyes.

"Of course, Professor Martínez. It would be an honor for me to share it with you," Don Ernesto replied, inviting him in.

Professor Martínez examined the clock carefully, observing every detail with a special magnifying glass. He muttered to himself as he followed the lines of the inscriptions and took notes in a small notebook he carried with him.

"Interesting... Very interesting," muttered Professor Martínez. His expression suddenly brightened when he pointed to a series of subtle marks on the clock's edge. "These inscriptions here seem to form a code. I believe they might be related to geographic coordinates."

Don Ernesto watched attentively as Professor Martínez unraveled the enigma. The two of them immersed themselves in a lively discussion about possible meanings and historical connections. Each new revelation seemed to open a door to a world of forgotten adventures and discoveries.

"Do you think the clock could be marking the location of a lost treasure?" asked Don Ernesto, excited by the idea.

Professor Martínez nodded seriously. "It's a possibility. Merchants and explorers of that era often hid their wealth in strategic locations, marked only by coded references like these."

The two men spent hours discussing theories and possible routes they could follow to fully decipher the mystery of the antique clock. They decided to embark on a quest together, using Professor Martínez's knowledge of history and geography, and Don Ernesto's passion for antique objects as their guide.

Their first clue led them to an abandoned monastery in the hills near San Sebastián. According to old records, the monastery had been a refuge for sailors and merchants in times of storms and maritime conflicts. Don Ernesto and Professor Martínez explored every corner of the monastery, looking for clues that might bring them closer to the hidden treasure.

They found ancient nautical maps in the dusty archives of the monastery, marking navigation routes and points of interest at sea. One of the maps showed a remote island in the middle of the ocean, known to sailors as a place of legends and mysteries.

"I think we've found our next destination," said Professor Martínez, pointing to the island on the map.

Don Ernesto nodded with determination. Together, they prepared an expedition team with enough provisions for several days at sea and embarked on a small boat they rented at the port of San Sebastián. The journey was long and full of emotions, with waves crashing against the hull of the boat and the wind blowing strongly in their faces.

Finally, after days of sailing, they spotted the island on the horizon. It was a place covered with lush vegetation and white sandy beaches that glistened under the sun. Don Ernesto and Professor Martínez disembarked cautiously, excited by the possibility of discovering the lost treasure the antique clock might be indicating.

For days they explored the island, following the clues they had deciphered from the clock and the old maps. They found ancient ruins and artifacts confirming the presence of ancient explorers on the island, but the true treasure remained elusive.

One afternoon, while exploring a hidden cave on the island's southern coast, Don Ernesto made a discovery that left them breathless. He found an old chest buried under a layer of earth and rocks, with inscriptions matching those on the wall clock.

"Professor Martínez, we've found it!" exclaimed Don Ernesto, pulling the chest from the ground with trembling hands.

Professor Martínez quickly approached, and they carefully opened the chest. Inside, they found a collection of ancient jewelry, gold coins, and a worn diary with notes in a foreign language that Professor Martínez recognized as an ancient variant of Greek.

The diary belonged to the merchant whose clock had been the catalyst for their adventure. The pages were filled with tales of journeys across unknown seas, encounters with indigenous tribes, and the perpetual search for wealth and knowledge. It was as if the diary captured the very essence of the merchant's life, a man whose story had intertwined with that of the clock over the centuries.

With the treasure recovered and the diary in their hands, Don Ernesto and Professor Martínez returned to San Sebastián as heroes. They celebrated their success at "La Taberna del Marinero," the old port bar where sailors and merchants used to gather to tell stories of past adventures.

And so, in the quiet neighborhood of San Sebastián, where the murmur of the sea and the aroma of coffee mingled in the air, Don Ernesto and Professor Martínez continued their lives of discoveries and explorations, always ready for the next adventure the past might bring them.

Las Aventuras de la Señora Beatriz y el Misterio del Collar Perdido

En el tranquilo barrio de El Rosal, donde las calles estaban bordeadas de árboles frondosos y el rumor del agua de la fuente llenaba el aire con una melodía suave, vivía la señora Beatriz. Era una mujer de cabello canoso y ojos avispados, conocida por su elegancia y su amor por los misterios que a menudo se escondían en los lugares más inesperados.

La señora Beatriz tenía una rutina matutina que seguía con meticulosidad. Cada día, después de desayunar su taza de té Earl Grey con una pizca de canela en su jardín, se ponía su sombrero favorito y salía a pasear por el barrio. Le gustaba observar las pequeñas historias que se desarrollaban entre los vecinos y buscar pistas de misterios potenciales que pudieran necesitar su atención.

Una mañana soleada de primavera, mientras la señora Beatriz caminaba por la plaza del mercado, vio a la señorita Amelia, una joven artista conocida por su creatividad y su amor por los collares extravagantes. La señora Beatriz notó de inmediato que la señorita Amelia parecía preocupada, revisando sus bolsillos y mirando alrededor con expresión angustiada.

—Buenos días, señorita Amelia. ¿Puedo ayudarla en algo? —preguntó la señora Beatriz con su habitual cortesía.

La señorita Amelia suspiró con pesar. —Buenos días, señora Beatriz. He perdido mi collar favorito, el que me regaló mi abuela. Lo he buscado por todas partes, pero no lo encuentro.

La señora Beatriz asintió comprensivamente. —No se preocupe, querida. Estoy segura de que lo encontraremos. Permítame ayudarla.

Con determinación en sus ojos, la señora Beatriz se puso en marcha para resolver el misterio del collar perdido de la señorita Amelia. Comenzó preguntando a los vendedores del mercado y a los transeúntes si habían visto algo fuera de lo común esa mañana. Recibió varias descripciones vagas de un destello brillante entre los árboles y una sombra fugaz que podría haber sido alguien huyendo.

Decidida a seguir cualquier pista, la señora Beatriz visitó la floristería de la esquina, donde la señora Rosa siempre tenía una opinión sobre los rumores y los chismes del barrio.

—Buenos días, señora Rosa. ¿Ha escuchado algo sobre un collar perdido? —preguntó la señora Beatriz con suavidad.

La señora Rosa arrugó la frente mientras arreglaba un ramo de rosas rojas. —Sí, de hecho, he oído a doña Carmen mencionar que vio a alguien salir apresuradamente del callejón detrás de la panadería esta mañana. Podría ser útil preguntarle.

Agradecida por la pista, la señora Beatriz se encaminó hacia la panadería de don Martín. Encontró a doña Carmen charlando animadamente con el panadero mientras compraba su pan diario.

—Buenos días, doña Carmen. Me han dicho que vio a alguien en el callejón detrás de la panadería esta mañana. ¿Puede decirme más al respecto? —preguntó la señora Beatriz con amabilidad.

Doña Carmen asintió con solemnidad. —Sí, vi a una joven corriendo hacia la plaza, con algo brillante en la mano. No le di mucha importancia en ese momento, pero ahora que lo menciona, podría haber sido el collar de la señorita Amelia.

Con esta nueva pista en mente, la señora Beatriz regresó a la plaza y habló con el señor Pérez, el conserje del parque cercano. Él recordó haber visto a una joven nerviosa buscando algo en los arbustos cerca de la fuente antes de alejarse rápidamente cuando él se acercó.

—Parecía preocupada, como si estuviera escondiendo algo. Podría haber sido el collar que buscaba —concluyó el señor Pérez, rascándose la barbilla con pensamiento.

Con estas pistas reunidas, la señora Beatriz elaboró un plan. Decidió organizar una reunión en su jardín esa tarde, invitando a todos los sospechosos potenciales y a la señorita Amelia, bajo el pretexto de disfrutar de una tarde de té y pastas caseras.

Al caer la tarde, el jardín de la señora Beatriz estaba lleno de vecinos curiosos y amigos que disfrutaban del sol poniente y el aroma de las flores en flor. La señorita Amelia estaba allí, visiblemente nerviosa pero esperanzada de que su querido collar pudiera ser recuperado.

La señora Beatriz, con su elegancia habitual, inició la reunión con gracia. —Queridos amigos, los he reunido aquí hoy para resolver un pequeño misterio. La señorita Amelia ha perdido un collar muy especial y creemos tener algunas pistas sobre su paradero.

Uno por uno, la señora Beatriz presentó las pistas que había reunido durante el día y preguntó a cada invitado si tenían alguna información adicional que pudiera ayudar en la búsqueda. Las respuestas fueron variadas y llenas de pequeños detalles que comenzaron a tejer la tela de una historia más grande.

Finalmente, cuando todos habían compartido sus observaciones, la señora Beatriz llamó a la joven que había sido vista corriendo hacia la plaza esa mañana. Era una adolescente tímida llamada Marta, quien admitió haber encontrado el collar cerca de la fuente y haberlo guardado con la intención de devolverlo más tarde.

La señorita Amelia, al escuchar la confesión de Marta, se conmovió profundamente. Abrazó a la joven con gratitud y le aseguró que no había resentimientos. Marta, visiblemente aliviada, devolvió el collar a su legítima dueña entre lágrimas de alivio y disculpas sinceras.

La reunión en el jardín de la señora Beatriz terminó con aplausos y sonrisas. Todos celebraron no solo el regreso del collar perdido, sino también la habilidad y la dedicación de la señora Beatriz para resolver misterios y unir a la comunidad en tiempos de necesidad.

Desde entonces, la señora Beatriz siguió siendo una figura querida en el barrio de El Rosal. Su habilidad para resolver misterios, grandes o pequeños, la convirtió en una especie de heroína local, siempre dispuesta a ayudar y aportar su gracia y perspicacia a cualquier situación que requiriera una mente aguda y un corazón amable.

The Adventures of Mrs. Beatriz and the Mystery of the Lost Necklace

In the quiet neighborhood of El Rosal, where the streets were lined with lush trees and the sound of water from the fountain filled the air with a soft melody, lived Mrs. Beatriz. She was a woman with graying hair and keen eyes, known for her elegance and her love for the mysteries that often hid in the most unexpected places.

Mrs. Beatriz had a morning routine that she followed meticulously. Every day, after having her cup of Earl Grey tea with a pinch of cinnamon in her garden, she put on her favorite hat and went for a walk around the neighborhood. She enjoyed observing the little stories unfolding among the neighbors and looking for clues to potential mysteries that might need her attention.

One sunny spring morning, while Mrs. Beatriz was walking through the market square, she saw Miss Amelia, a young artist known for her creativity and love for extravagant necklaces. Mrs. Beatriz immediately noticed that Miss Amelia seemed worried, checking her pockets and looking around with a distressed expression.

"Good morning, Miss Amelia. Can I help you with something?" Mrs. Beatriz asked with her usual courtesy.

Miss Amelia sighed sadly. "Good morning, Mrs. Beatriz. I've lost my favorite necklace, the one my grandmother gave me. I've searched everywhere, but I can't find it."

Mrs. Beatriz nodded understandingly. "Don't worry, dear. I'm sure we will find it. Let me help you."

With determination in her eyes, Mrs. Beatriz set out to solve the mystery of Miss Amelia's lost necklace. She began by asking the market vendors and passersby if they had seen anything unusual that morning. She received several vague descriptions of a bright flash among the trees and a fleeting shadow that might have been someone running away.

Determined to follow any lead, Mrs. Beatriz visited the corner flower shop, where Mrs. Rosa always had an opinion on the neighborhood's rumors and gossip.

"Good morning, Mrs. Rosa. Have you heard anything about a lost necklace?" Mrs. Beatriz asked gently.

Mrs. Rosa frowned as she arranged a bouquet of red roses. "Yes, actually, I heard Mrs. Carmen mention seeing someone hastily leave the alley behind the bakery this morning. It might be helpful to ask her."

Grateful for the lead, Mrs. Beatriz headed to Mr. Martín's bakery. She found Mrs. Carmen chatting animatedly with the baker while buying her daily bread.

"Good morning, Mrs. Carmen. I've been told you saw someone in the alley behind the bakery this morning. Could you tell me more about it?" Mrs. Beatriz asked kindly.

Mrs. Carmen nodded solemnly. "Yes, I saw a young woman running towards the square with something shiny in her hand. I didn't think much of it at the time, but now that you mention it, it could have been Miss Amelia's necklace."

With this new clue in mind, Mrs. Beatriz returned to the square and spoke with Mr. Pérez, the caretaker of the nearby park. He recalled seeing a nervous young woman looking for something in the bushes near the fountain before quickly leaving when he approached.

"She seemed worried, like she was hiding something. It could have been the necklace you're looking for," Mr. Pérez concluded, scratching his chin thoughtfully.

With these clues gathered, Mrs. Beatriz devised a plan. She decided to organize a gathering in her garden that afternoon, inviting all potential suspects and Miss Amelia, under the pretext of enjoying an afternoon of tea and homemade pastries.

By evening, Mrs. Beatriz's garden was filled with curious neighbors and friends enjoying the setting sun and the scent of blooming flowers. Miss Amelia was there, visibly nervous but hopeful that her beloved necklace might be recovered.

Mrs. Beatriz, with her usual elegance, began the gathering gracefully. "Dear friends, I've gathered you here today to solve a small mystery. Miss Amelia has lost a very special necklace, and we believe we have some clues about its whereabouts."

One by one, Mrs. Beatriz presented the clues she had gathered during the day and asked each guest if they had any additional information that could help in the search. The responses were varied and full of small details that began to weave a larger story.

Finally, when everyone had shared their observations, Mrs. Beatriz called upon the young woman who had been seen running towards the square that morning. It was a shy teenager named Marta, who admitted to finding the necklace near the fountain and keeping it with the intention of returning it later.

Miss Amelia, upon hearing Marta's confession, was deeply moved. She hugged the young girl gratefully and assured her that there were no hard feelings. Marta, visibly relieved, returned the necklace to its rightful owner with tears of relief and sincere apologies.

The gathering in Mrs. Beatriz's garden ended with applause and smiles. Everyone celebrated not only the return of the lost necklace but also Mrs. Beatriz's skill and dedication in solving mysteries and bringing the community together in times of need.

From then on, Mrs. Beatriz remained a beloved figure in the neighborhood of El Rosal. Her ability to solve mysteries, big or small, made her a local heroine, always ready to help and bring her grace and insight to any situation that required a sharp mind and a kind heart.

El Secreto de las Flores en el Jardín de Doña Margarita

En una calle tranquila de un pequeño pueblo costero, donde las casas blancas se alineaban bajo el cálido sol mediterráneo, vivía doña Margarita. Era una mujer de cabello plateado y ojos brillantes, conocida por su amor por las flores y su habilidad para hacer que incluso la más humilde de las plantas floreciera con esplendor en su jardín.

El jardín de doña Margarita era su santuario personal, un lugar donde cada flor parecía tener su propia historia que contar. Había rosas de colores vibrantes que perfumaban el aire con su dulce aroma, lirios que se mecían suavemente con la brisa del mar y margaritas que saludaban con sus pétalos blancos como la nieve.

Doña Margarita se levantaba temprano cada mañana para cuidar de sus flores con amor y paciencia. Regaba cada planta con agua fresca, acariciaba las hojas delicadas y susurraba palabras de aliento a cada capullo que estaba a punto de abrirse. Para ella, las flores eran más que simples plantas; eran seres vivos que merecían cuidado y atención.

Una mañana de primavera, mientras doña Margarita podaba las rosas en su jardín, descubrió algo extraordinario entre los pétalos coloridos. Era una pequeña caja de madera tallada con dibujos de flores en su tapa, escondida entre los arbustos cerca del rosal más antiguo de su jardín.

Intrigada, doña Margarita abrió la caja con cuidado y encontró dentro una carta amarillenta y un puñado de semillas delicadas, envueltas en un paño de lino. La carta estaba escrita a mano con tinta desvaída y parecía tener muchos años.

"Querida amiga del jardín," comenzaba la carta con una caligrafía elegante y temblorosa, "te entrego estas semillas con la esperanza de que continúes el legado de las flores que tanto amamos. Ellas tienen un secreto que solo el corazón de una verdadera amante de las flores puede descubrir."

Doña Margarita leyó la carta con emoción, sintiendo que había tropezado con un misterio que estaba destinado a resolver. Guardó cuidadosamente las semillas y la carta en su delantal y continuó cuidando de sus flores con un nuevo sentido de propósito y curiosidad.

A medida que las semanas pasaban, doña Margarita notó algo extraordinario sucediendo en su jardín. Las flores que crecían de las semillas encontradas en la caja de madera parecían tener un brillo especial y un perfume más intenso que cualquier otra flor que hubiera cultivado antes. Los pétalos tenían tonos de colores que nunca había visto antes: rosas con matices dorados, azules con destellos plateados y blancos que brillaban como la luna en una noche clara.

Intrigada por el secreto detrás de estas flores misteriosas, doña Margarita decidió investigar más a fondo. Consultó libros antiguos sobre botánica en la biblioteca local y se sumergió en la historia de las plantas exóticas y las técnicas de cultivo de tiempos pasados. Descubrió referencias a jardines legendarios donde flores con propiedades mágicas habían sido cultivadas por alquimistas y botánicos curiosos.

Con cada nueva página que leía, doña Margarita sentía que se acercaba más al corazón del misterio de las flores en su jardín. Comenzó a experimentar con diferentes métodos de cuidado y alimentación para las plantas, buscando reproducir las condiciones ideales que hacían florecer a estas flores mágicas con tanta belleza y vigor.

Una noche, mientras observaba las estrellas brillar en el cielo nocturno sobre su jardín, doña Margarita tuvo un sueño vívido. En él, un anciano sabio con túnicas de colores le hablaba en un idioma antiguo y le mostraba imágenes de jardines secretos ocultos en lugares remotos del mundo. Las flores en esos jardines brillaban con una luz propia, irradiando energía y paz a quienes las contemplaban.

Al despertar, doña Margarita supo lo que debía hacer. Decidió compartir el secreto de las flores mágicas con sus vecinos y amigos en el pueblo. Organizó una tarde de puertas abiertas en su jardín, invitando a todos a admirar la belleza de las flores y compartir historias sobre el poder curativo y el consuelo que las plantas traían a sus vidas.

Los vecinos llegaron al jardín de doña Margarita con curiosidad y asombro. Quedaron maravillados por la variedad y la belleza de las flores que nunca habían visto antes, cada una con su propio encanto y misterio. Algunos juraron haber sentido una sensación de paz y alegría al estar cerca de las flores, como si estuvieran rodeados de una energía positiva y sanadora.

Entre los invitados estaba el joven Martín, un estudiante de botánica que había venido al pueblo para estudiar las plantas locales y aprender de la sabiduría de doña Margarita. Martín se sintió especialmente atraído por las flores mágicas y pasó horas conversando con doña Margarita sobre sus descubrimientos y teorías sobre el origen y las propiedades de las plantas.

—Creo que estas flores podrían ser una especie completamente nueva, una que podría revolucionar la botánica si logramos comprender su secreto —comentó Martín, con entusiasmo en los ojos.

Doña Margarita sonrió con cariño. —Las flores tienen mucho que enseñarnos si estamos dispuestos a escucharlas. Quizás estas semillas hayan viajado a través del tiempo y el espacio para encontrarme a mí, una simple amante de las flores en un pequeño pueblo.

La tarde en el jardín de doña Margarita fue un éxito rotundo. Los invitados compartieron historias, se maravillaron ante la belleza de las flores y se sintieron inspirados por la pasión y el conocimiento de doña Margarita. Al final del día, cada invitado recibió una semilla de las flores mágicas como regalo, con la esperanza de que pudieran cultivar su propia conexión especial con la naturaleza.

Desde entonces, el jardín de doña Margarita se convirtió en un lugar de peregrinación para los amantes de las flores y los buscadores de misterios. La reputación de las flores mágicas se extendió por todo el país, atrayendo a visitantes curiosos que deseaban experimentar la belleza y el poder único de las plantas que crecían bajo el cuidado amoroso de doña Margarita.

Y así, en la tranquila calle de un pequeño pueblo costero, donde las casas blancas brillaban bajo el cálido sol mediterráneo y el aroma de las flores llenaba el aire con dulzura, el jardín de doña Margarita continuó floreciendo con la magia de las flores que habían encontrado un hogar en el corazón de una mujer con una conexión especial con la naturaleza.

The Secret of the Flowers in Mrs. Margarita's Garden

On a quiet street in a small coastal town, where white houses lined up under the warm Mediterranean sun, lived Mrs. Margarita. She was a woman with silver hair and bright eyes, known for her love of flowers and her ability to make even the humblest of plants bloom magnificently in her garden.

Mrs. Margarita's garden was her personal sanctuary, a place where every flower seemed to have its own story to tell. There were roses of vibrant colors that scented the air with their sweet aroma, lilies that swayed gently in the sea breeze, and daisies that greeted with their snow-white petals.

Every morning, Mrs. Margarita would rise early to tend to her flowers with love and patience. She watered each plant with fresh water, caressed the delicate leaves, and whispered words of encouragement to every bud about to bloom. To her, flowers were more than just plants; they were living beings deserving of care and attention.

One spring morning, while Mrs. Margarita was pruning the roses in her garden, she discovered something extraordinary among the colorful petals. It was a small wooden box carved with floral designs on its lid, hidden among the bushes near the oldest rose bush in her garden.

Intrigued, Mrs. Margarita carefully opened the box and found inside a yellowed letter and a handful of delicate seeds wrapped in a linen cloth. The letter was handwritten with faded ink and seemed very old.

"Dear friend of the garden," the letter began in elegant and shaky handwriting, "I entrust these seeds to you in the hope that you will continue the legacy of the flowers we loved so much. They hold a secret that only the heart of a true flower lover can discover."

Mrs. Margarita read the letter with emotion, feeling she had stumbled upon a mystery meant for her to solve. She carefully stored the seeds and the letter in her apron and continued tending to her flowers with a new sense of purpose and curiosity.

As the weeks passed, Mrs. Margarita noticed something extraordinary happening in her garden. The flowers that grew from the seeds found in the wooden box seemed to have a special glow and a more intense fragrance than any other flower she had cultivated before. The petals had shades of colors she had never seen before: roses with golden hues, blues with silver glints, and whites that shone like the moon on a clear night.

Intrigued by the secret behind these mysterious flowers, Mrs. Margarita decided to investigate further. She consulted old botany books at the local library and immersed herself in the history of exotic plants and ancient cultivation techniques. She found references to legendary gardens where flowers with magical properties had been cultivated by curious alchemists and botanists.

With every new page she read, Mrs. Margarita felt she was getting closer to the heart of the mystery of the flowers in her garden. She began experimenting with different methods of care and feeding for the plants, seeking to reproduce the ideal conditions that made these magical flowers bloom with such beauty and vigor.

One night, while gazing at the stars shining in the night sky over her garden, Mrs. Margarita had a vivid dream. In it, a wise old man in colorful robes spoke to her in an ancient language and showed her images of secret gardens hidden in remote places of the world. The flowers in those gardens glowed with their own light, radiating energy and peace to those who beheld them.

Upon waking, Mrs. Margarita knew what she had to do. She decided to share the secret of the magical flowers with her neighbors and friends in the town. She organized an open house afternoon in her garden, inviting everyone to admire the beauty of the flowers and share stories about the healing power and comfort that plants brought to their lives.

The neighbors arrived at Mrs. Margarita's garden with curiosity and wonder. They were amazed by the variety and beauty of flowers they had never seen before, each with its own charm and mystery. Some swore they felt a sense of peace and joy being near the flowers, as if surrounded by positive and healing energy.

Among the guests was young Martín, a botany student who had come to the town to study the local plants and learn from Mrs. Margarita's wisdom. Martín was particularly drawn to the magical flowers and spent hours talking with Mrs. Margarita about her discoveries and theories about the origin and properties of the plants.

"I believe these flowers could be a completely new species, one that could revolutionize botany if we understand their secret," Martín remarked, his eyes filled with enthusiasm.

Mrs. Margarita smiled warmly. "Flowers have much to teach us if we are willing to listen to them. Perhaps these seeds traveled through time and space to find me, a simple flower lover in a small town."

The afternoon in Mrs. Margarita's garden was a resounding success. The guests shared stories, marveled at the beauty of the flowers, and were inspired by Mrs. Margarita's passion and knowledge. At the end of the day, each guest received a seed of the magical flowers as a gift, with the hope that they could cultivate their own special connection with nature.

Since then, Mrs. Margarita's garden became a place of pilgrimage for flower lovers and mystery seekers. The reputation of the magical flowers spread across the country, attracting curious visitors who wished to experience the unique beauty and power of the plants growing under Mrs. Margarita's loving care.

And so, on the quiet street of a small coastal town, where white houses shone under the warm Mediterranean sun and the scent of flowers filled the air with sweetness, Mrs. Margarita's garden continued to bloom with the magic of the flowers that had found a home in the heart of a woman with a special connection to nature.